W0312183

ZIGARREN

Die Lust an edlem Rauch

von
Thomas Caspari,
Sandra Krieger,
Klaus Trommer

Art Direction, Design: Klaus Trommer

Fotos: Thomas Caspari

Texte: Sandra Krieger

Konzept: Thomas Chiari

HÄDECKE

Copyright © 1997
Thomas Caspari, Sandra Krieger und Klaus Trommer

Alle Rechte vorbehalten, insbesondere die der Übersetzung, der Übertragung durch Bild- oder Tonträger, des Vortrags, der Speicherung in Datensystemen und der Fotokopie.
Nachdruck, auch auszugsweise, nur mit ausdrücklicher Genehmigung des Verlages.

Satz: Chiari Office Production, Essen
Printed in Germany.

Walter Hädecke Verlag
D-71256 Weil der Stadt

1. Auflage 1997

ISBN 3-7750-0306-1

Seele

6

Passion

44

Zeit und Raum

80

Bibliografie

Honoré de Balzac: Thee, Tabac – Bremen 1993

Awer Bati: Zigarren – München 1994

Detlef Bluhm: Tabak und Kultur – Berlin 1997

Michael Brückner: Zigarren-Brevier – Wiesbaden 1984

Corte / Cesar: Geschichte des Rauchens – Frankfurt 1986

Zino Davidoff: Zigarren-Brevier – Paris 1967

Richard C. Hacker: Die Welt der Zigarre – München 1995

Claus Hansmann: Tabak seit anno Tobak – München 1961

Hermann Hesse: Der Steppenwolf – Montagniola 1955

Giullerma C. Infante: Rauchzeichen – Frankfurt 1987

Richard Klein: Schöner blauer Dunst – München 1995

Thomas Mann: Zauberberg – Frankfurt 1994

Die Lust an edlem Rauch führte uns zusammen und legte den Grundstein für dieses Buch. Aber ein Buch entsteht nur mit der Unterstützung vieler freundlicher Personen und Unternehmen, denen wir herzlich danken möchten:

Unser ganz besonderer Dank gilt Thomas Chiari, der stets für einen reibungslosen Ablauf sorgte und die Übersicht nie verlor, sowie Joachim Graff, der die Visionen unseres Projektes in die Realität umsetzte.

Ein herzlicher Dank gilt den Unternehmen, die uns mit Archivmaterial und auch Produkten unterstützten: Harald Claus und Mario Samec – Gebr. Heinemann GmbH, Hamburg; Esther Rohrer – Davidoff International, Basel; Kerstin Hüffmeyer – Burger Söhne AG, Burg. Sie alle sorgten dafür, daß uns während der gesamten Produktion nie die Zigarren ausgingen.

Weiterhin danken wir den Unternehmen, die uns ebenfalls bei der Erstellung dieses Buches behilflich waren: Guido van Rüth – Semper Idem Underberg AG, Rheinberg; Peter van Nahmen – Schlumberger KG, Meckenheim; Peter Heinrichs – Tausend-Pfeifenhaus in Köln; Udo Schilde – Pfeifen Schilde, Essen; Bender Antiquariat KG, Düsseldorf; Steigenberger Parkhotel, Düsseldorf; Werner Schmitz – Linzbach Pfeifen, Düsseldorf; Fr. Fröhlig – Landesverband Rheinland-Pfälzischer Tabakpflanzer e.V., Speyer; Helge Jepsen, Essen und natürlich dem Team Caspari Film, Düsseldorf: Sabine Caspari, Petra Poldrack, Karl Bongartz und Michael Beckamp.

Thomas Caspari, Sandra Krieger, Klaus Trommer

Seele

Sie liegen auf einem Diwan, geben sich dem Müßiggang hin, Sie hängen ohne Anstrengung Ihren Gedanken nach, Sie berauschen sich ohne zu trinken, ohne Ekel, ohne die sirupartigen Nachwirkungen des Weines der Champagne, ohne die nervöse Müdigkeit des Kaffees. Ihr Gehirn erlangt neuartige Fähigkeiten, Sie spüren Ihre schwere Schädeldecke nicht länger, Sie schweben auf leichten Flügeln ins Land der Phantasie, Sie erhaschen Ihre herumflatternden Delirien mit einem Schleier wie ein Kind, das auf einer göttlichen Wiese Libellen jagt, und Sie sehen sie in ihrer Idealgestalt, was Sie der Selbstverwirklichung näherbringt.

Die schönsten Hoffnungen ziehen vorbei, nicht mehr nur als Illusionen, sie haben Gestalt angenommen und fahren in die Höhe wie bei Taglioni, mit welcher Anmut! Raucher, Ihr kennt das! Dieses Spektakel verschönt die Natur, alle Schwierigkeiten des Lebens werden nichtig, das Leben ist leicht, der Verstand ist klar, die graue Atmosphäre des Denkens wird blau; aber welch seltsame Wirkung; der Vorhang vor dieser Oper fällt, sobald die Wasserpfeife, die Zigarre oder die Pfeife erlischt.

Honoré de Balzac

Wir kennen das alle, dieses Gefühl nach einem erfüllten Tag erschöpft in einen Sessel zu sinken. Das diffuse Tageslicht bricht sich in den Gardinen, Regentropfen schlagen an die Fensterscheibe. Die getane Arbeit ruft nach Entspannung. Schon beim Anheben des Humidordeckels strömt der zarte Duft der feuchten Zigarren in die Nase. Es riecht ein wenig nach nassem Laub oder nach Bäumen im Sommerregen. Der bevorstehende Genuß regt die Geschmacksnerven an.

Die Magie der Zigarre entsteht vor dem ersten Zug. Die Wahrnehmung beginnt mit dem Riechen, Tasten, ja sogar Hören; letzteres immer dann, wenn der Schmaucher seine Zigarre zwischen den Fingern hin- und herrollen läßt. Das sanfte Nachgeben der gerollten Blätter zwischen den Fingerspitzen garantiert nicht nur den makellosen Zustand der Rauchware, sondern ist auch Vorbote höchsten Genusses.

Ob Kolumbus, als er 1492 an der Küste von San Salvador landete, ahnte, welche wunderbare Entdeckung er machen würde? Die Seemänner, immer noch im Glauben sie hätten Indien erreicht, sahen Männer und Frauen, die „rauchende Kohlen in ihren Händen hielten“. Die Indianer der neuen Welt wußten um diese Kostbarkeit, die ihnen der fruchtbare Boden dieser karibischen Insel schenkte. Der Tabak trat sodann seinen enormen Siegeszug an. Kolumbus brachte ihn nach Europa.

ROMEO Y JULIETA

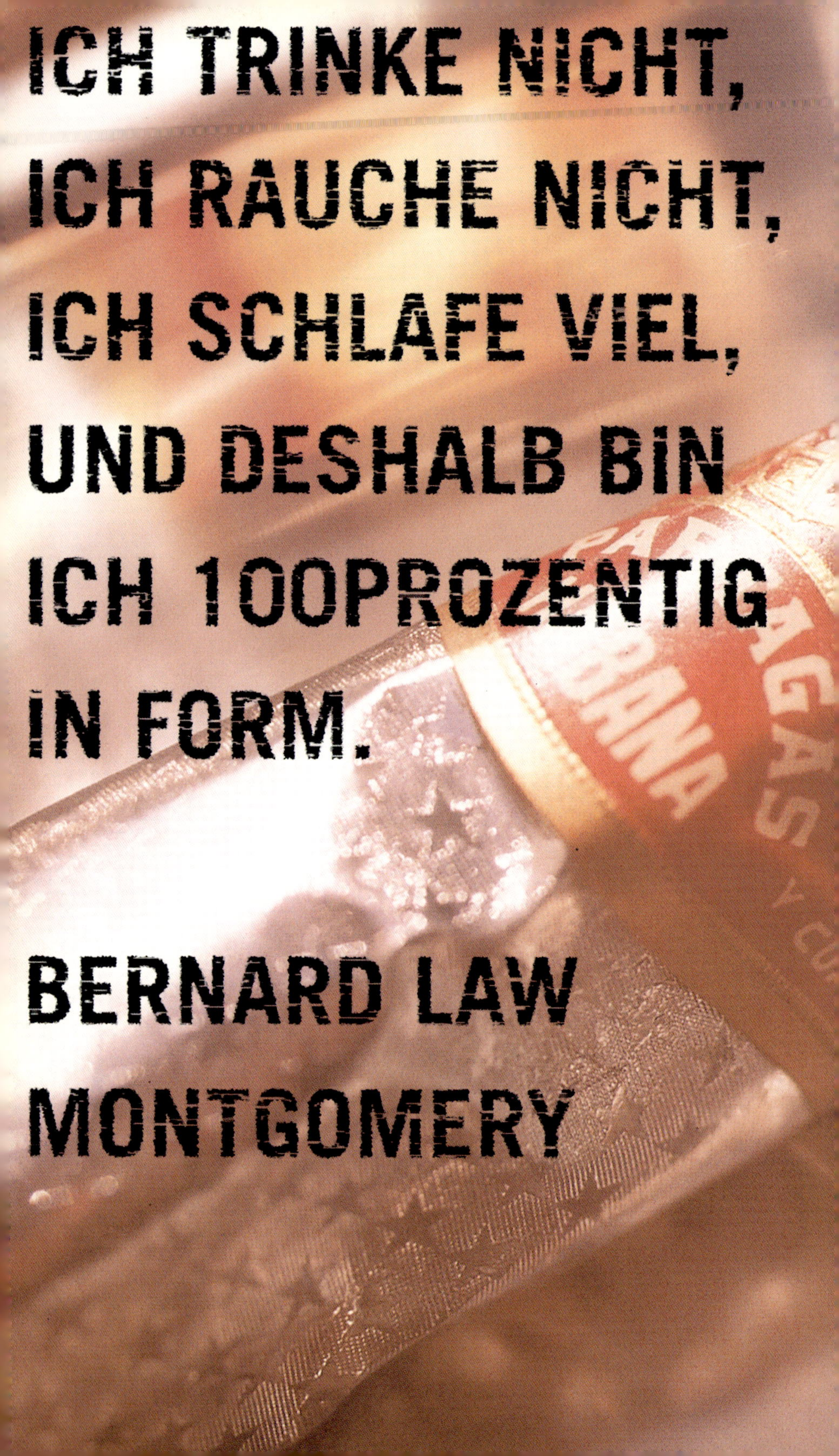

ICH TRINKE NICHT,
ICH RAUCHE NICHT,
ICH SCHLAFE VIEL,
UND DESHALB BIN
ICH 100PROZENTIG
IN FORM.

BERNARD LAW
MONTGOMERY

ICH TRINKE VIEL,
ICH SCHLAFE WENIG
UND ICH RAUCHE
EINE ZIGARRE
NACH DER ANDEREN.
DESHALB BIN
ICH 200PROZENTIG
IN FORM.

WINSTON
CHURCHILL

Das Zigarrerauchen beginnt mit dem Ritual des Anzündens: Nachdem Sie den Kopf der Zigarre, das sogenannte Mundstück, mit einem Cutter oder einer Schere abgeknipst haben, drehen Sie die Zigarre gleichmäßig über der Flamme eines feinen Zedernholzspans, dem „Fidibus", oder eines geruchsneutralen Gasfeuerzeugs. Hat sich die Zigarre erwärmt, streifen Sie — wenn Sie es mögen — vorsichtig die Bauchbinde ab, ohne aber dabei das sensible Deckblatt zu verletzen. Sie spüren die feinen Adern der Pflanze, die vielleicht im Jalapa-Tal auf dem vulkanischen Boden Honduras gewachsen ist. Dieser Tabak wird Sie berauschen.

Tabak wurde in Europa zunächst bei Hofe und in höheren Gesellschaftsschichten eingeführt. Es war elegant und kurios zugleich, sich schmauchend zu zeigen. Die belebende Wirkung wurde allseits geschätzt. Aber auch Mediziner und Gelehrte auf dem Kontinent experimentierten mit dem edlen Kraut, das manchem heilende Wirkung bei Ekzemen und Fieber versprach.

Künstler ließen sich gleichermaßen durch die stimulierende Wirkung der Zigarre in ihrer Kreativität beflügeln. Manche behaupteten von sich sogar, allein der Zigarre ihre wahrhaften Inspirationen zu verdanken. In Büchern — etwa 1690 bis 1730 — soll jede Seite nach Tabak gerochen haben. Welch' eine Vorstellung für einen Zigarrenfreund!

PUNCH
RE
HABANA

Sein besonderes Aroma verdankt der Tabak einem tropischen bis subtropischen Klima. Die Pflanze gedeiht zwar in allen Kontinenten der Erde, doch nur auf Kuba, in der Dominikanischen Republik, in Nicaragua sowie in Honduras finden sich ideale Bedingungen, die kleinen grünen Gewächse zu großen, behaarten, vor Kraft strotzenden Pflanzen heranzuzüchten.

In der Dominikanischen Republik sorgen eine winterliche Trockenzeit und viel Regen im Sommer zusammen mit einem milden Passatwind für beste Bedingungen, um Tabak anzubauen. Im Real-Tal, das seinen Namen Kolumbus verdankt, und im Cibao-Tal wachsen vor allem Blätter, die zur Herstellung für Premiumzigarren verwendet werden. Allerdings ist es bislang den Tabakbauern in der Dominikanischen Republik noch nicht gelungen, ein Blatt zu züchten, das den hohen Ansprüchen eines Deckblattes gerecht wird. So werden geschmeidige Deckblätter aus dem afrikanischen Kamerun und aus dem amerikanischen Connecticut in die Republik importiert, um feinste Qualitäten zu fertigen.

Vulkanische, sehr fruchtbare Landschaften prägen den Boden Honduras. Umgeben von Nebel- und Regenwald gedeihen die Tabakpflanzen, die ausschließlich als Einlagen und Deckblätter in der Zigarrenproduktion dienen. Umblätter müssen auch hier aus anderen Ländern eingeführt werden.

LOS STA
DE LU
N DIEGO
Slim Panetela
D'ORO
EMOS
GRAN FABRICA DE TABACOS

Das tropische Klima Nicaraguas mit sehr geringen Temperaturschwankungen erlaubt es, Einlagen, Umblätter und Deckblätter aufzuziehen. Der sandige Boden Connecticuts liefert aus dem Housatonic-Tal die meisten Deckblätter für Zigarren, die nicht auf Kuba gefertigt werden.

Einst bedeckten Feuchtwälder und Savannen die rote Erde Kubas. Heute bietet das gewellte Flachland mit einem randtropischen Klima und einer Luftfeuchtigkeit von rund 70 Prozent optimale Voraussetzungen für den Tabakanbau. Die saftige Frische des Vuelta Abajo-Tals liefert die besten Einlagen und Deckblätter, da stimmen Connaisseure weltweit überein. Das Mikroklima im Tal Pinar del Rio ist das einzige auf Kuba, in dem alle drei Blattarten, also auch Umblätter, gedeihen.

Der Samen der Tabakpflanze bestimmt nicht nur Größe und Struktur der Blätter, sondern prägt die Nuancen des satten Grüns. Boden und Klima beeinflussen das Aroma, die Farbe der Asche und sogar die Brenneigenschaften der Zigarre. Nach 45 Tagen werden die Setzlinge aus kleinen Transportkisten in die Plantagen gepflanzt. Dabei ist es den Arbeitern nicht gestattet, während der Aussaat zu rauchen, da durch Aschepartikel Viren auf die jungen Gewächse fallen könnten. Weil der Tabak am besten im Schatten gedeiht, spannen die Bauern Tücher über die Felder. Rund 85 Tage bleibt die Tabakpflanze im Feld. Wird sie sorgsam gepflegt, kann sie bis zu 18 Blätter tragen.

Schon beim ersten Zug, wenn die rötliche Glut des Tabaks habhaft wird, verströmt der Rauch seinen eigenen Zauber. Rauchschwaden steigen auf, formen Gebilde, die betören und anregen, zur Nachdenklichkeit und Besonnenheit animieren.

Es ist ein schwerer Rauch, der sich — anders als bei der Zigarette — nur langsam im Raum verflüchtigt. Immer wieder nehmen Sie einen tiefen Zug. Der Geschmack schmeichelt Ihrem Gaumen. Die Würze erinnert Sie an das markante Aroma von Muskat, Gewürznelken und Schwarzem Pfeffer. Eine eigenwillige, reizvolle Komposition. Sie ziehen erneut. Doch rauchen Sie nicht zu hastig; eine zu heiße Zigarre kann das Aroma verfälschen, dadurch scharf und bitter schmecken. Aficionados (die wahren Genießer) ziehen maximal einmal pro Minute an der Zigarre.

Die Zigarre lehrt so nicht nur Ruhe und innere Gelassenheit; erst beim gemächlichen Rauchen kann sich auch das Bukett des Tabaks optimal entwickeln.

Die Tabakpflanze besteht aus drei verschiedenen Blattarten. Die Blätter am Fuße der Staude werden Volado genannt und erlangen am schnellsten ihre Reife. Weil bis zum Boden wenig Sonne dringt, sind diese Blätter besonders mild im Rauch. Seco-Blätter werden in der Mitte der Tabakpflanze gepflückt. Sie haben das reichste Aroma. Die ausgeprägteste Struktur weisen die Ligero-Blätter auf, die das meiste Licht „tanken können" und ebenfalls reich im Geschmack sind. Sie werden wegen ihrer auffällig starken Adern vornehmlich als Deckblätter verwendet. Nach rund sechs Wochen werden die ersten Blätter gepflückt (Priming). Wenn sich die Mittelrippe von Hellgrün nach Weiß verfärbt, weiß der Pflücker, daß das Blatt die nötige Reife erlangt hat. Pro Priming werden jeweils zwei bis vier Blätter geerntet. Dies kann bis zu sechsmal geschehen, bevor die ganze Ernte einer Pflanze eingebracht ist.

Der Tabakanbau ist zeitaufwendig und bedarf vieler helfender Hände. Zuviel Regen schadet ihm genauso, wie zuviel Hitze. Seine natürlichen Feinde wie der gefürchtete Blauschimmel, deren Bakterien über die Luft übertragen werden, können über Nacht die Pflanzen befallen. Auch Käfer und Raupen gefährden die Aufzucht — meist, wenn in einer Saison besonders viel Regen die Plantagen wässert. Mit Liebe, Sorgfalt und einem sehr geübten Auge nehmen die Tabakpflanzer während der Aufzucht von September bis März jede Pflanze mindestens 150mal in Augenschein.

LABROT & GRAHAM
WOODFORD RESERVE
DISTILLER'S SELECT
12425

Die Blätter der Tabakpflanze werden von unten nach oben geerntet, nach Qualitäten sortiert (das Sortieren geschieht praktisch zwischen jedem einzelnen Reifeprozeß) und an langen Stangen sonnengeschützt in Trockenschuppen aufgehängt. Der Wind der Karibik trocknet nun die Blätter sanft — das kann durchaus bis zu acht Wochen in Anspruch nehmen. Der immer noch feuchte Rohtabak wird schließlich erneut nach Qualitäten ausgewählt und zu Bündeln, den „Burros", gepreßt. Diese riesigen Ballen wiegen zwischen 3600 und 4500 Kilogramm.

Beim Genuß einer Don Diego Robusto denken Sie nicht an die Zeit und Mühe, die der Tabak zur Aufzucht benötigt, bis Sie ihn endlich in Ihrer Hand halten und genießen können. Sie nehmen allein das Spiel des Rauches wahr, der über ihre Lippen dringt. Sie sitzen an Ihrem Schreibtisch, lehnen sich zurück. Beim Blick nach draußen sind kaum Fenster zu entdecken, in denen noch ein Licht brennt. Es ist kurz nach Mitternacht. Die Stille hat Sie eingelullt. Nichts dringt an ihr Ohr, das ablenken könnte. Sie nehmen einen tiefen Zug. Der Geschmack dieses nussigen, an Mandeln erinnernden Aromas beseelt Sie.
Gelegentlich nippen Sie an Ihrem Glas Woodford Reserve. Sie fasziniert das Zusammenspiel von Tabak und Bourbon. Erlebnisse verschmelzen, berauschen den Geist. Sie animieren den Schmaucher stets erneut, den Rauch vor sich her zu paffen, ihn mit den Augen zu verfolgen, bis er sich sodann langsam verflüchtigt.

Seinen Geschmack erhält der Tabak während der anschließenden, mehrere Wochen dauernden Fermentation. Bei diesem Verfahren werden in zwei Staffeln schädliche Bakterien, aber auch Nikotin, Eiweiß und Harze abgebaut; gleichzeitig entwickeln sich intensive Aromastoffe und Zucker. Aus diesem Grunde schmeckt eine Zigarre beim Anzünden oft leicht süßlich.

Rund 90 Tage müssen die Tabakblätter in speziellen Hallen „schwitzen“. Dabei werden Feuchtigkeit, Pflanzensäfte und Ammoniumnitrat freigesetzt. Wer einen Fermentationsraum betritt, nimmt sofort einen schweren, stechenden Geruch wahr. Es ist ein chemischer Prozeß, der sich jetzt vollzieht und auch zur Armoaentwicklung bei Tee gebräuchlich ist.

Ein fachkundiges Auge prüft in den einzelnen Bündeln mit einem Gradmesser die Temperatur (50 bis 70 Grad Celsius), um festzustellen, wann der richtige Zeitpunkt zum Wenden der Blätter gekommen ist. Wird die Gradzahl überschritten, werden die Blätter getrennt, abgekühlt und zu neuen Bündeln geschichtet. Während der Fermentation müssen die Burros oft bis zu zehnmal gewendet werden.

20
30

Zu der Jahreszeit, die dem kubanischen Sommer entspricht, fermentieren alle richtig gelagerten Havannas gemeinsam in ihren Kisten — überall auf der Welt.

In den ersten Jahren erscheinen kleine Öltröpfchen, die manche „Blüte“ nennen, auf dem Deckblatt. Ein zarter, leicht berauschender Duft breitet sich in dem Keller aus, in dem die Havannas ruhen. Nach dem dritten Jahr wird die Fermentation unauffälliger, diskreter. Man braucht, um sie zu erkennen, einen hochentwickelten Geruchssinn, ein geübtes Auge.

Das bedeutet jedoch nicht, daß die Havanna nicht mehr lebt. Wie ein guter Wein arbeitet sie weiter nur eben im verborgenen, beinahe unmerklich.

In aller Stille altert die Havanna wie ein edler Tropfen, und wie ein edler Tropfen erreicht sie eines Tages, der Zeitpunkt schwankt, ihre höchste Vollendung. In diesem Zustand verharrt sie eine Weile, dann vergeht sie und verliert, sehr langsam allerdings, ihr Aroma.

Zino Davidoff, 1967

Seit mehr als 100 Jahren hat sich in der Tabakfertigung kaum etwas verändert. Stets muß eine bestimmte Menge der goldbraunen Blätter eines Jahrgangs in den Lagerhäusern zurückbleiben, um in jedem Jahr wieder den gleichen Geschmack einer Zigarre zu erzielen. Ähnlich wie bei der Champagnerherstellung wird dann der Tabak des aktuellen Jahres mit einem älteren vermengt. Manche Produzenten sollen zu diesem Zweck sogar noch Bunde aus den frühen achtziger Jahren eingelagert haben.

Nach der Fermentation werden die Blätter erneut sortiert. Erst jetzt sind die Bauern in der Lage das kostbare Gut nach Nuancen einzuteilen, die auch den Geschmack bestimmen. Claro-Claro, auch Clarissimo oder Double Claro genannt, kennzeichnet ein noch grünes Tabakblatt, das leicht im Rauch ist und vor allem in Amerika viele Freunde hat.

Das Claro-Blatt entspricht einem leichten Goldbraun mit einem feinen Aroma. Colorado Claro werden hellbraune Blätter genannt, die im Rauch ein wenig leichter sind, als die mittelbraune Colorado. Die Colorado-Zigarre wird vor allem wegen ihres angenehmen Duftes geschätzt. Maduro Colorado kennzeichnet einen mittelkräftigen Tabak, das schwarzbraune Maduro-Blatt steht für einen intensiven, kräftigen Geschmack. Die dunkelste Farbe unter den Tabakblättern heißt Oscuro, die ein ausgeprägtes Aroma mit wenig Duft verspricht.

Eine gute Ware reift bis zu drei Jahre. Doch aufgrund der enorm gestiegenen Nachfrage halten heute die meisten Zigarrenproduzenten eine Reifezeit zwischen acht und zehn Monaten für durchaus ausreichend. Alfred Dunhill erkannte übrigens als einer der ersten Hersteller, daß Zigarren vor dem Genuß gelagert werden müssen. 1907 begann er seine Zigarrenimporte in Zedernholz ausgekleideten Räumen zu lagern — mindestens für die Dauer von zehn Monaten, bevor die Rauchware in den Verkauf kam. In Humidoren, einfachen bis sehr exklusiven Kisten, werden Zigarren in kleinen Mengen optimal aufbewahrt. Bei einer Luftfeuchtigkeit zwischen 60 und 80 Prozent und einer Temperatur zwischen 18 und 22 Grad Celsius können sie in Ruhe reifen. Das Holz der kubanischen Zeder, das für die Auskleidung der Kisten benutzt wird, hat eine konservierende Wirkung, die keine andere Holzart übertrifft. Größere Zigarrenmengen werden in sogenannten Feuchtschränken oder begehbaren Humidoren gelagert, die ebenfalls mit Zedernholz getäfelt sind. Zigarren können aber auch in nicht zu feuchten Kellern ruhen, ohne Schaden zu nehmen.

> „Es ist wichtig, den Humidor von Zeit zu Zeit zu öffnen, um frische Luft hinein zu lassen. Die Zigarren leben und atmen ähnlich wie Saatgut, das in einer Furche liegt und zu wachsen beginnt, wenn es Wasser und Sonne bekommt."
>
> *Edward Sahikian, Zigarrenhändler*

70
60
18-20°
20-22°
zu
feucht
zu
warm
25

Echte Connaisseure hüten einen kleinen Vorrat eines jeden Jahrgangs in ihren Humidoren. Zigarren sind da dem Wein sehr ähnlich. Manchmal werden viele Jahre benötigt, um ein sehr feines Aroma zu erzielen.

„Nun, Sohn“, sagte mein Vater und lockerte am Kamin stehend mit dem Eisen die glühenden Holzscheite auf, „es beginnt jetzt ein weiterer wichtiger Abschnitt in Deinem Leben. Dein bestandenes Examen ist die Lizenz, gegen Honorar nach dem tieferen Sinn zu fragen.“ Er drehte sich zu mir: „Doch das gesammelte Wissen allein wird Dich nicht auf den richtigen Pfad bringen. Unterschätze den gedanklichen Austausch nicht.“ Ich blickte meinen Vater fragend an, als er von seinem Schreibtisch eine schmale Zedernholzkiste nahm. „Lerne in Gesellschaft eine gute Zigarre zu rauchen. Wähle sie stets gut aus und überlege, mit wem Du welche Zigarren genießen möchtest. Beim stillen Beisammensein, werden wahrlich nur wenige Worte gesprochen. Doch gerade diese wirst Du zu schätzen lernen, glaube mir.“

Dann reichte er mir eine Romeo Y Julieta Coronas aus der Kiste. Als er den Deckel zuklappte, entdeckte ich einen ungewöhnlichen Stempel: Auf der Vignette stand „1975“. Rund 14 Jahre waren seitdem vergangen…

ES MAG
KÜNSTLER GEBEN,
DIE IHRE TÄGLICHE
KREATIVITÄT
NACH STUNDEN
EINTEILEN.
ICH RAUCHE
ZEHN ZIGARREN.
DANACH FÄLLT MIR
NICHTS MEHR EIN.

FRANK STELLA

PARTAGAS
HABANA

Premium
HONDURAS
CIGARS

Auf Kuba werden die Blätter während der gesamten Produktion noch von Hand bearbeitet. Vorsichtig entfernen die Despallidoras (Entripperinnen) die Mittelrippe des geschmeidigen Tabakblattes. Die Rezagadoras (Sortiererinnen) sichten erneut den Tabak.

Es ist reizvoll zu glauben und eine seit langem gehegte Anekdote, es seien Jungfrauen, die auf ihren Oberschenkeln die exklusiven Havannas rollen. Es mag Raucher geben, denen aus diesem Grund die Zigarre besonders behagt, wenn beim Genuß ein Hauch von Erotik mitschwingt. Doch in der Tat war das Rollen der Tabakblätter bis in die frühen sechziger Jahre unseres Jahrhunderts reine Männersache. Auf Kuba rollt der Torcedor (Zigarrenmacher) rund 120 Havannas am Tag, die er dann zu Bündeln á 50 Stück (Medias Ruedas) zusammenbindet. In Honduras können von einem Roller bis zu 700 Zigarren am Tag hergestellt werden. Pyramide-Formate, die sich zum Mundstück verjüngen, sind sehr schwierig herzustellen. Meisterroller brauchen viele Jahre, um diese Kunst zu erlernen und fertigen pro Tag dann gerade einmal rund 75 Stück.

Beim Zigarrerollen werden die einzelnen Blätter ähnlich wie die Seiten eines Akkordeons zusammengefaltet. Dadurch entstehen schmale, horizontale Luftkanäle, die für den unbeschwerten Rauch einer Zigarre so wichtig sind.

Das Rollen des Tabaks ist eine sehr monotone, ruhige Arbeit. Seit 1865 sitzt deshalb ein Lector de tabaqueria in den Produktionsstätten (Galeras), um den Rollern aus Tageszeitungen oder Romanen laut vorzulesen. Diese Tradition wird heute immer noch in vielen Fabriken aufrecht gehalten. So sind die Torcedores im wahrsten Sinne des Wortes sehr „belesen“. In anderen Galeras hat die Moderne ihre Spuren hinterlassen. Anstatt eines Vorlesers beschallen Radios die Zigarrenmacher während ihrer Arbeit.

Das Surren der Deckenventilatoren untermalt Schillers Lyrik. Der Lector de tabaqueria sitzt erhöht vor den rund 50 Zigarrenmachern, um ihn herum liegen einige Bücher und Zeitungen. Mit kräftiger Stimme zitiert der Vorleser aus „Maria Stuart“. Das leise Bewegen der Chavetes, den flachen, abgerundeten Messern, schafft zusammen mit den Worten aus Schillers Werk eine eigentümliche Atmosphäre. Still sitzen die Tabakmacher vor ihren Holztischen, rollen mit sonnengegerbten Händen die Einlagen und schneiden Deck- und Umblätter zurecht. Dabei lauschen sie geduldig dem Vorleser und rauchen Zigarre. Das war gestern so und wird morgen so sein.

Eine Zigarre besteht aus drei Bestandteilen: der Einlage, dem Umblatt sowie dem Deckblatt:

Die Einlage (Tripa) ist das Herz der Zigarre. Die hohe Kunst besteht in der speziellen Rezeptur, aus den verschiedenen Tabaksorten eine aromatische Mischung zusammenzustellen. Diese Kompositionen werden in allen Tabakfabriken der Welt streng geheimgehalten, da sie mühsam in jahrelangen Proben und Tests entstanden sind. Im Gegensatz zu kurzen Einlagen, die für maschinell gefertigte Zigarren verwendet werden, mißt ein Langblatt die gesamte Länge einer Zigarre. Langblatt-Einlagen werden in Premiumzigarren verarbeitet und sind am langen Aschekegel zu erkennen. Eine Premiumzigarre kann aus mindestens zwei und aus bis zu fünf verschiedenen Langblattsorten gerollt werden. Eine Havanna besteht immer aus fünf Blattsorten.

Das Umblatt (Capote) gilt als Aushängeschild der Zigarrenhersteller: Es besteht aus einem natürlichen Tabakblatt und hält die Einlage zusammen. Das Produkt daraus nennt sich Wickel oder Puppe. In der Massenproduktion werden Blattstückchen mit Zellulose vermengt und daraus ein Umblatt gefertigt.

Das Deckblatt (Capa) umhüllt den Wickel und bestimmt das Aussehen der Zigarre. Es macht zwischen 30 und 60 Prozent des Geschmacks aus. Auch Farbe, Struktur und Duft einer Rauchware kann man am Deckblatt erkennen.

Passion

„DAS VERSTEHE ICH NICHT", SAGTE HANS CASTORP. „ICH VERSTEHE ES NICHT, WIE JEMAND NICHT RAUCHEN KANN, — ER BRINGT SICH DOCH, SOZUSAGEN, UM DES LEBENS BESTES TEIL UND JEDENFALLS UM EIN GANZ EMINENTES VERGNÜGEN! WENN ICH AUFWACHE, FREUE ICH MICH, DASS ICH TAGSÜBER WERDE RAUCHEN DÜRFEN, UND WENN ICH ESSE, SO FREUE ICH MICH WIEDER DARAUF, JA ICH KANN SAGEN, DASS ICH EIGENTLICH BLOSS ESSE, UM RAUCHEN ZU KÖNNEN, WENN ICH DAMIT NATÜRLICH AUCH ETWAS ÜBERTREIBE. ABER EIN TAG OHNE TABAK, DAS WÄRE FÜR MICH DER GIPFEL DER SCHALHEIT, EIN VOLLSTÄNDIG ÖDER UND REIZLOSER TAG, UND WENN ICH MIR

MORGENS SAGEN MÜSSTE: HEUT GIBT'S NICHTS ZU RAUCHEN, — ICH GLAUBE ICH FÄNDE DEN MUT GAR NICHT, AUFZUSTEHEN, WAHRHAFTIG, ICH BLIEBE LIEGEN. SIEHST DU: HAT MAN EINE GUT BRENNENDE ZIGARRE — SELBSTVERSTÄNDLICH DARF SIE NICHT NEBENLUFT HABEN ODER SCHLECHT ZIEHEN, DAS IST IM HÖCHSTEN GRADE ÄRGERLICH, ICH MEINE: HAT MAN EINE GUTE ZIGARRE, DANN IST MAN EIGENTLICH GEBORGEN, ES KANN EINEM BUCHSTÄBLICH NICHTS GESCHEHEN."

THOMAS MANN
DER ZAUBERBERG

© S. Fischer Verlag, Berlin 1924

Er war ausgezogen, um die Welt kennenzulernen. Er hatte sich — was lag für einen Zigarrenfreund näher — für eine Schiffspassage nach Kuba entschieden. Er wollte das Land und die Menschen kennenlernen, die den kostbarsten Tabak produzierten. Bei Hemmingway hatte er vom morbiden Charme Havannas gelesen, und der Amerikaner hatte mit dieser Schilderung wirklich nicht übertrieben.

Noch von der Reise benommen, von der Hitze und der hohen Luftfeuchtigkeit geschwächt, strich er durch die Straßen, sah die sonnengebräunten Menschen, den blätternden Putz der Kolonialhäuser, die klapprigen Transporter, die tosend durch die Straßen brausten, um die Pflücker zu den Plantagen zu bringen. Tagelang ernährte er sich ausschließlich von Orangen und Zigarren. Straßenverkäufer boten Havannas aller Formate in unzähligen Kisten und Schachteln an. Auf einer Parkbank setzte er sich zu einem Zigarrenverkäufer, der seinen Bauchladen auf den Knien abgestellt hatte und im Schatten eine Zigarre genoß. Der Kubaner sah ihn an, und offerierte ihm eine Havanna.

„Es ist die Farbe der Blätter, die das Geheimnis des Aromas in sich trägt“, fuhr der Verkäufer fort, „Havannas sind in 65 verschiedenen Nuancen zu haben. Schau in diese Kiste! Wir sortieren die Zigarren von links nach rechts. Links liegen die Hellen, rechts die Dunklen. Immer.“

GIBT ES EINEN ANGENEHMEREN ABSCHLUSS EINES EXQUISITEN MAHLS, ALS DEN GENUSS DER FEINEN SPEISEN MIT EINER EDLEN ZIGARRE ZU KRÖNEN? WENN DER DUFT VON HEISSER SCHOKOLADE, SÜSSEM BRANNTWEIN UND ESPRESSO DEN RAUM ERFÜLLT, IST ES AN DER ZEIT ZUR ZIGARRE ZU GREIFEN. WENN DER SALONDIENER AUF EINEM SILBERNEN TABLETT DIE VIELEN KISTEN UND SCHACHTELN AN DEN TISCH BRINGT, MAN IN RUHE EINE HAVANNA AUSWÄHLT, DAUERT ES NUR KURZE ZEIT, BIS SICH DER RAUCH MIT DEM DUFT DER DIGESTIFS VERMISCHT. DAS IST WAHRE MUSSE UND GEBORGENHEIT. GENAU DANN WEISS ICH DASS MICH DAS LEBEN NICHT BESSER BELOHNEN KANN.

ESTD 1892
SINGLE MALT
Distilled at
THE BALVENIE
Distillery Banffshire
SCOTLAND
SINGLE BARREL
MALT SCOTCH WHISKY
from a single barrel
AGED 15 YEARS
BOTTLED BY HAND
Bottling Date 17·12·96
In Cask Date 24·11·80
CERTIFIED BY THE BALVENIE DISTILLERY
70 cle
PRODUCT OF SCOTLAND
This Bottle of The Balvenie Single Barrel Single Malt Scotch Whisky is one of no more than 300 Yielded by a Single Cask Matured at The Balvenie Distillery for at least Fifteen Years.

DER TABAKRAUCH IST
DAS EINZIGE ELEMENT, IN
WELCHEM UNTER DEN
BEDINGUNGEN UNSERER
EUROPÄISCHEN SITTEN
MÄNNER OHNE VERLEGEN-
HEIT STILL BEISAMMEN
SITZEN KÖNNEN, UND WO
KEINER SICH GEHALTEN
SIEHT, EIN EINZIGES WORT
MEHR ZU SAGEN, ALS ER
TATSÄCHLICH UND WIRKLICH
ZU SAGEN WEISS.

THOMAS CARLYLE

Jedes Tabak-Herkunftsland steht für ein eigenes Aroma; so kann der Kenner, aber auch der „Einsteiger", leicht eine Sorte einem bestimmten Geschmack zuordnen: Die Tabake der Dominikanischen Republik werden grundsätzlich als mild bezeichnet, der hondurianische hat einen volleren Körper und ist würziger.

Wer eine Brazil raucht, liebt den vollen Geschmack, während Tabake aus Ecuador eher mild und schwach aromatisch sind. Zigarren aus Kuba haben einen mittelvollen bis vollen Körper. Zum Teil besitzen auch Zigarren trockenen Typs, die in Europa gefertigt werden, eine Einlage aus Havanna-Tabaken.

Zigarren aus Jamaika sind im Aroma etwas leichter als die aus der Dominikanischen Republik. Während der Tabak aus dem afrikanischen Kamerun mit würzigem Geschmack ein schärferes Aroma bietet, gedeiht in Mexiko eine Sorte, die nicht so fein ist wie die dominikanischen oder hondurianischen. Die Auswahl reicht hier dennoch von angenehm mild bis zu beißend schweren Aromen. Nicaragua produziert mittelsüß anmutenden Tabak, der aus Sumatra schmeckt mild und würzig.

BAN
A 2
CINCO MIL
BRASI

Der Berichterstatter saß zusammengekauert in einem Schützengraben. Der Schmutz in seinem Gesicht war viele Stunden alt. Über seinem Kopf hallten Kanonensalven, mal näher, dann wieder weiter entfernt. Er war allein. Die Soldaten hatten zum Sturm geblasen und waren davon gestürmt, in ein ungewisses Schicksal.

Der Nachschub war ausgeblieben. Jetzt hieß es kämpfen oder sterben. Der Schreiber zückte aus seiner Jackentasche eine kleine Flasche Whisky. Der Inhalt reichte noch für zwei Schlücke; er spülte seine Angst damit hinunter.

Er wußte nicht, ob sich die Soldaten erfolgreich schlagen würden. In seiner Brusttasche steckte seine letzte Zigarre. Hatte er noch genug Zeit, sie in Brand zu setzen, oder würde er vorher von den feindlichen Truppen entdeckt werden? Er nahm die Zigarre, biß das Mundstück ab, steckte sie an. Der Rauch würde ihn im Gefechtsnebel nicht verraten. Sollte er nun sterben, dachte er sich, so sollte es in Würde geschehen. Über seine Angst und Ungewißheit konnte ihm jetzt nur die Zigarre hinweghelfen.

MONTECRIS
ROMEO Y

Sich dem Rausch einer Zigarre hinzugeben, bedeutet Freiheit. Es ist die stimulierende Wirkung, die dem Geist plötzlich neue Erkenntnisse offenbart. Beintema von Peima, ein holländischer Mediziner, beschrieb bereits Ende des 17. Jahrhunderts die animierende Kraft des Tabaks:

> „Einer, der studiert, muß notwendig viel Tabak rauchen, damit die Geister nicht verloren gehen, oder da sie anfangen zu langsam umzulaufen, weshalb der Verstand, sonderlich wenn er schwere Sachen wohl nicht faßt, wieder möge erweckt werden... Um einer Sache nachzudenken, ist über das Tobakschmauchen nichts besseres anzusinnen, denn hierunter werden die zerstreuten Gedanken zurückgerufen, welches denen Studierenden ganz zuträglich, in dem sie dem Rauchen alles recht wohl zu überlegen sich angewöhnen können."

Die Zigarre verführt Raucher schon seit mehr als 500 Jahren: Manche waren ihr sogar exzessiv verfallen. Der Romancier Mark Twain soll sich an manchen Tagen bis zu 40 Zigarren gegönnt haben. Über Winston Churchill wird berichtet, er habe Zeit seines Lebens — in dem er 61 Jahre lang Zigarren genoß — über 300 000 (!) Romeo y Julieta und die nicht mehr erhältliche „La Aroma de Cuba" geraucht.

MONTE
CRISTO
HABANA

Der amerikanische Präsident John F. Kennedy verhängte 1962 das Embargo gegen Kuba. Somit war es jeder US-amerikanischen Firma verboten, Waren aus Kuba zu ordern. Dieser schwerwiegende politische Schritt hinderte JFK jedoch nicht daran, nur zwölf Stunden vor Bekanntgabe des Handelsverbotes gegen Castros Inselstaat, seinen Pressesekretär Pierre Salinger zu beauftragen, eintausend „H. Upmann Petit Coronas“ zu ordern. Salinger kannte die Vorliebe des Präsidenten und bestellte gleich 1200 kubanische Zigarren für den Präsidenten.

Von den 40 Präsidenten der USA rauchte übrigens gut die Hälfte der Staatsmänner — die meisten bevorzugten edle Zigarren. Auch der amtierende Präsident Bill Clinton gehört zur Liga der regierenden Connaisseure.
Seitdem sich seine Frau Hillary der Anti-Raucher-Kampagne in den Vereinigten Staaten anschloß, darf auch im Weißen Haus nicht mehr gepafft werden. Trotzdem verzichtet Clinton zumindest in seinen Privaträumen nicht auf das haptische Erlebnis einer Zigarre. Regelmäßig fotografieren Paparazzi, wie er eine Zigarre kauend — nicht rauchend — am Schreibtisch sitzt.

Viele sehen die Zigarre als außergewöhnliches Mittel, den Geist zu öffnen und neue Wege zur Inspiration zu beschreiten.

Der Maler Auguste Renoir suchte beispielsweise die Brauntöne für seine kommaartige Pinselschrift in der vielfältigen und nuancierten Skala der „Colorados".

Richard Wagner war sich des Zusammenspiels von Zigarren und Kreativität sicher: „Die ‚Götterdämmerung' verdanke ich einer Kiste Havannas", soll er einst gesagt haben.

Thomas Alva Edison antwortete auf die Frage, wann ihm die Idee zur Glühbirne kam: „Am Fuße der 20. Zigarre."

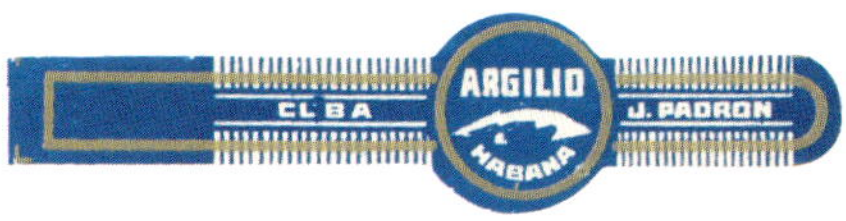

Aber auch Zino Davidoff faszinierte die einzigartige Wirkung der edlen Ware: „Die Zigarre war mein Leben. Ich verdanke ihr alles: meine Ekstasen und meine Qualen, die Freuden meiner Arbeit und meine Mußestunden, und wenn ich im Laufe der Jahre ein wenig mit Philosophie gewürzte Wissenschaft erworben habe, so verdanke ich auch dies der Zigarre."

Onkel Arnold, Nölle gerufen, war für mich das Sinnbild der späten fünfziger Jahre. Ich sehe ihn heute noch vor mir, diesen kleinen, dicklichen Mann mit diesem leicht glänzendem Gesicht, stets in einem dunkelgrauen Anzug gekleidet, den weißen Hemdkragen frisch gestärkt. Zigarrerauchen war für Onkel Nölle die Inkarnation des wirtschaftlichen Aufschwungs, sein persönlicher Luxus. Nach den Jahren der Entbehrung, ging es uns wieder gut. Wir hatten genug, um satt zu werden, und konnten uns auch wieder etwas gönnen. Urlaub in Italien, die BMW Isetta, Fernseher — alles war neu und wunderbar.

Es gab keine Minute, in der Onkel Nölle nicht einen Stumpen im Mundwinkel hielt. Beim Fünf-Uhr-Tee saß er wortkarg in der Runde, seine Zigarre schien ihn mehr zu interessieren, als unsere Gespräche. Er paffte und ging die Zigarre aus, zündete er sein schweres Feuerzeug und setzte sie erneut in Brand. Dabei stieß er schnell hintereinander große Rauchwolken aus, die sein rundliches Gesicht für Sekunden vernebelten.

Davidoff

Nehmen Sie die Zigarre nie mit auf die Straße, nicht einmal auf einen Spaziergang oder um den Hund zur nächsten Laterne zu führen. Zigarren sind wie Katzen: Sie gehören ins Zimmer, in einem bequemen Sessel in der Nähe eines behaglichen Feuers im Winter, an einem offenen Fenster im Sommer. Doch vermeiden sie Zentralheizung und Klimaanlage — und sehen Sie natürlich nicht fern dabei, sonst tritt noch ein komischer Komiker mit einem Stumpen im Gesicht auf. Außerdem erzeugt eine Zigarre ihre eigenen Bilder, und die eines Films oder einer Schau stören die Übertragung. Verfolgen Sie einfach die eigenen Visionen.

Betrachten Sie die Zigarre, als webe der aufsteigende Rauch — Lanze, Spirale, salomonisch weise Rauchsäule — Wolken über ihrem Kopf, einen dampfenden Baldachin. Oder, wenn Sie Glück haben, ein prächtiges Firmament. Doch achten Sie auf das glimmende Ende, verfolgen Sie, wie aus einer lebenden Zigarre, eine teure Hingeschiedene wird, nur Asche und Andenken.

Giullerma Cabrera Infante

aus: „Rauchzeichen", © Suhrkamp Verlag, Frankfurt am Main 1990

UND DANN: HAVANNAS BLUME,
BRAUN UND SCHLANK,
DIE SCHMERZEINLULLEND
DUFTET MIR AM MUNDE,
DIR, SCHWEIGENDE
GEFÄHRTIN,
SAG' ICH DANK,
DU HALFST MIR ÜBER MANCHE
SCHWERE STUNDE.
... MICH DEUCHT, ICH SÄH'
IM BLAUEN WIRBELRAUCH
DAS ARME LOS,
DEM BEIDE WIR VERFALLEN:

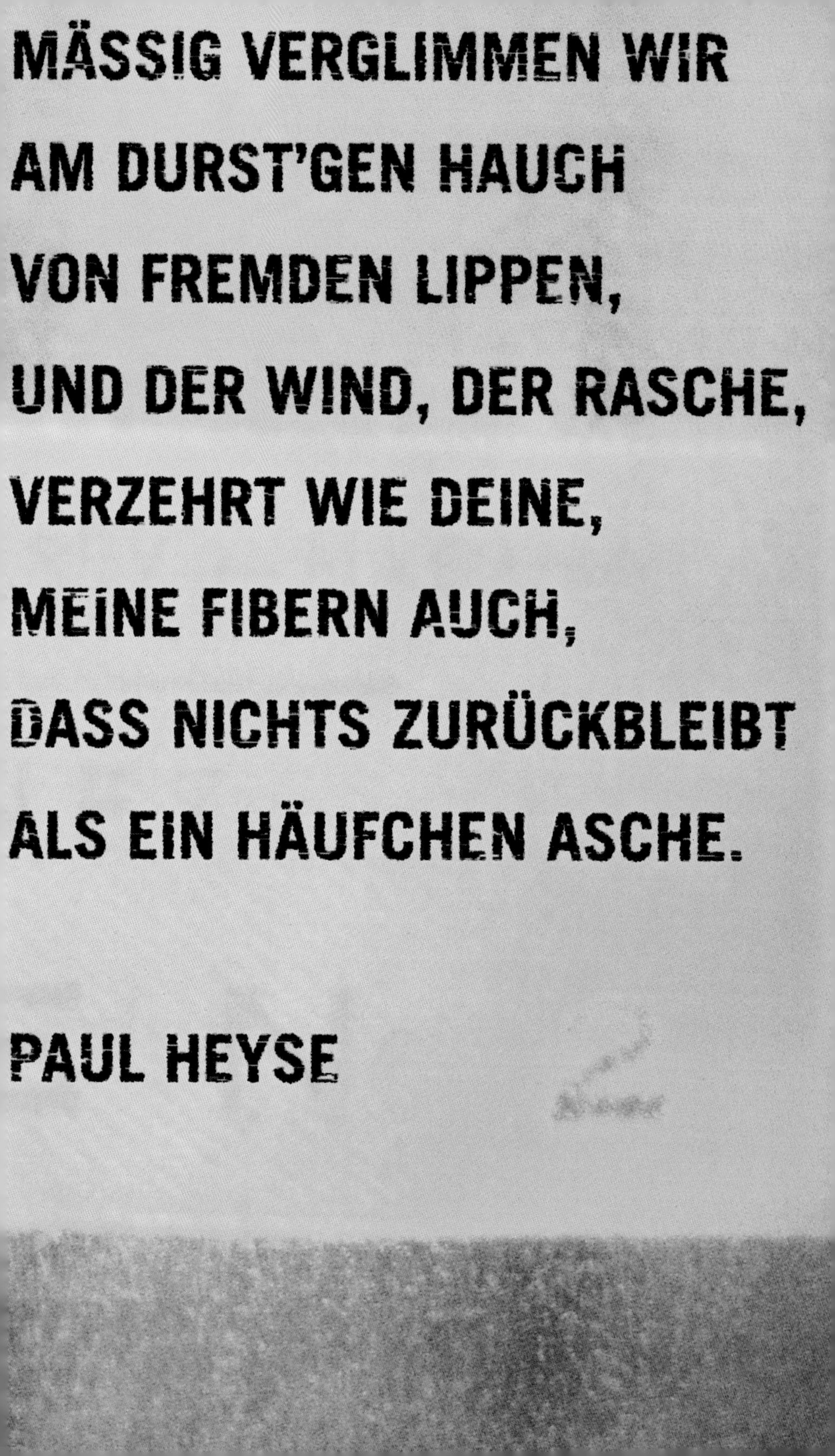

MÄSSIG VERGLIMMEN WIR
AM DURST'GEN HAUCH
VON FREMDEN LIPPEN,
UND DER WIND, DER RASCHE,
VERZEHRT WIE DEINE,
MEINE FIBERN AUCH,
DASS NICHTS ZURÜCKBLEIBT
ALS EIN HÄUFCHEN ASCHE.

PAUL HEYSE

Sie stellte ihre Handtasche auf die Theke und setzte sich auf einen Hocker. Der Barkeeper, sah sie an, ohne aufzuhören, das Glas in seiner Hand zu polieren. „Einen Martini Bianco, bitte“, sagte sie. Der Bartender nickte. Die Cocktailbar war nicht sehr gut besucht. An einigen Tischen saßen Paare oder Männer, die sich in Zeitungen vertieft hatten. Geschäftsleute standen an der Theke, manche hatten den Schlips gelockert. Feierabend.

Sie zog ein Zigarrenetui aus der Handtasche. Als sie eine dominikanische Panatella in Brand setzte, bemerkte sie Blicke. Im großen Spiegel hinter der Theke konnte sie die Männer beobachten, die zusahen, wie sie ihre Zigarre genoß. Zunächst nahmen die Männer sie nur flüchtig in Augenschein. Dann — so empfand sie es in diesem Moment — wandelten sich die Blicke in die von Voyeuren.

Sie lächelte, schlug die Beine übereinander. Sie genoß die verstohlenen, immer wieder zurückkehrenden Blicke ihrer heimlichen Beobachter. „Eine Zigarre hat doch eine faszinierende Wirkung“, dachte sie sich und nippte an ihrem Glas, „sie betört nicht nur den, der einen tiefen Zug nimmt.“

Im 19. Jahrhundert erfanden clevere Tabakfabrikanten die Culebras (Schlangen), gezwirbelte Zigarren, die in Deutschland besser als „Krumme Hunde" bekannt sind. Drei Culebras werden noch im feuchten Zustand ineinander geflochten und mit einem Band — heute ist es meist ein feine Seidenschleife — umbunden.

Diese kurios aussehenden Zigarren wurden zunächst für die Torcedores gemacht, um zu verhindern, daß die Roller nach getaner Arbeit mehr als drei kostenlose Zigarren mit nach Hause nahmen. Die ungewöhnlichen Formate werden heute oft in speziell gefertigten Schiebekästen als Geschenk weitergereicht oder im intimen Kreis geraucht, um innige Freundschaften zu betonen.

Neben der Culebra sind heute zwölf Zigarrenformen aus einer schier unbegrenzt erscheinenden Palette gängig und unter Schmauchern beliebt. Obwohl nicht immer die Formate aller Marken übereinstimmen, kann ein Überblick bei der großen Auswahl hilfreich sein, denn allein Havannas werden in 42 Formen und Größen angeboten.

Unangefochten an der Spitze steht das runde Corona-Format (142 mm x 16,67 mm) mit einem geschlossenen Kopf, einem gerade abgeschnittenen Brandende und einem geraden Körper mit parallel laufenden Seiten. Weitere Varianten sind die kleinere Petite Corona, die Gran Corona, die nicht ganz so üppig ausfällt wie die wuchtige und längere Double Corona.

Verwirrend wirkt zunächst der Name Churchill, da er sowohl eine neue Zigarrenmarke aus dem Hause Dannemann mit verschiedensten Formaten nicaraguanischer Herkunft darstellt, als auch ein Format kennzeichnet, das auch als Double Churchill angeboten wird. Das Robusto-Format entspricht einer kurzen dicken Zigarre, die gern von Rauchern bevorzugt wird, die sich nicht mehrere Stunden einer Zigarre widmen möchten.

Londsdale ist dem Churchill-Format ähnlich, jedoch schlanker und ein wenig kürzer (150 mm x 17 mm). Die elegante Panatela ist wiederum schlanker als Londsdale. Die Pyramide erkennt man leicht an dem sich zum Mundstück verjüngenden Körper. Keine Zigarre ist so schwer zu rollen wie diese.

CHURCHILL
CHURCHILL

Centennial

Die Länge von Zigarren wird in Inch gemessen (1 Inch = 2,54 Zentimeter). Der Durchmesser einer Zigarre wird als Ring angegeben. Ein Ring entspricht 1/64 Inch. Ein kubanisches Robusto-Format beispielsweise, das mit 4 7/8" x 50 angegeben wird, entspricht somit 124 mm x 19,84 mm. Aber Zigarren können ihren Umfang auch verändern, insbesondere dann, wenn sie in Kisten gepackt werden. Einige Aficionados haben sich deshalb angewöhnt, sofort nach dem Kauf einer Kiste Zigarren, eine herauszunehmen, damit die übrigen sich besser „entfalten" können, andere halten diese Marotte für überflüssig.

Länge und Ringmaß beeinflussen den Geschmack einer Zigarre. Grundsätzlich gilt: je größer das Ringmaß, desto voller das Aroma. Und: je länger die Zigarre, desto kühler ist der Rauch. Die Intensität eines Aromas kann also durch die Wahl eines anderen Ringmaßes gesteigert bzw. gemindert werden.

Zino Davidoff stand jahrzehntelang als Garant für feinste kubanische Tabake. Seit 1990 – Meinungsverschiedenheiten mit der kubanischen Regierung waren vorausgegangen – läßt die Firma Davidoff Ihre Zigarren nun in der Dominikanischen Republik fertigen. „Sämtliche Formate in höchster Qualität" war und ist immer noch absolute Prämisse bei diesem Unternehmen, das hochrangige Politiker und internationale Prominenz zu ihrem exklusiven Kundenstamm zählen darf.

„Kreiere mir eine Zigarre, die so ist wie unser Land, die nach Kuba duftet und den ganzen Saft unseres fruchtbaren Bodens in sich trägt", bat er seinen Freund. „Sie soll all das verkörpern, das für dieses wunderbare Fleckchen Erde spricht."

Der Freund gewährte, suchte aus hervorragenden Blättern des Vuelta Abajo-Tals jeweils die besten heraus und beauftragte die Meister aller Zigarrenmacher mit dem Rollen der Zigarren. 1961 präsentierte Che Guevara, Revolutionär und argentinischer Arzt, seinem Freund und Kampfgenossen Fidel Castro Ruz stolz die „Cohiba". Als erste unter Castros Führung produzierte Zigarre wurde sie bis 1984 nur zu diplomatischen Zwecken und offiziellen Anlässen der Regierung in den Grenzen Kubas weitergereicht. Das machte die Cohiba nicht nur äußerst begehrenswert unter Kennern, sondern verhalf dieser exklusiven Tabakmischung zu ihrem heute noch geltenden Mythos.

Mitte der 80er Jahre tauchte die teuerste aller Havannas in Europa auf. Die Cohiba verdankt ihren Namen dem Wort für „Tabak" der Taino-Indianer. Noch heute ziert die Silhouette eines Indios die edlen Holzkisten, in denen die Königin der Zigarren schlummert.

Zeit und Raum

Es war einer dieser naßkalten und ungemütlichen Herbsttage. Der Wind peitschte den Regen über die Straßen. Das war ein Sonntag, der danach rief, sich zuhause zu verkriechen, Unterlagen zu ordnen oder in Schränken zu kramen. Auf dem Dachboden wollte ich in romantischen Liebesbriefen lesen, die ich in einem alten Lederkoffer aufbewahrte. Staub lag zentimeterdick auf dem alten Gepäckstück.

In meiner Jugend hatte ich sorgfältig Karten und Briefe nach Absendern oder Ereignissen sortiert und mit seidenen, roten und weißen Schleifen umbunden. Ich lächelte beim Anblick dieser vielen kleinen Päckchen. Aber nicht nur Briefe lagen hier vereint. Vieles, was ich damals für wertvoll hielt, hatte seinen Platz gefunden. Alte Ausweise lagen da, ein paar Fotografien, ein Glasröhrchen mit Sand von irgendeinem Urlaubsstrand dieser Welt. Ich nahm einige Briefe heraus. Da entdeckte ich eine Zigarrenkiste unter den Umschlägen. Ich öffnete sie. Immer noch — nach all den Jahren — war ein ganz zarter, süßlicher Geruch zu erkennen.

Damals, ich mag sieben, acht Jahre alt gewesen sein, hatte mir mein Onkel die Zedernholzkiste mit den vielen Brandsiegeln geschenkt. Auch jetzt noch diente die Kiste demselben Zweck. Kleine Glanzbilder mit feinen Silberstreifen oder Goldstaub lagen darin, zeigten Engel, Tiere und spielende Kinder. Und alles roch nach Vergangenheit, Erinnerung und nach Arturo Fuente, die mein Onkel so geliebt hatte.

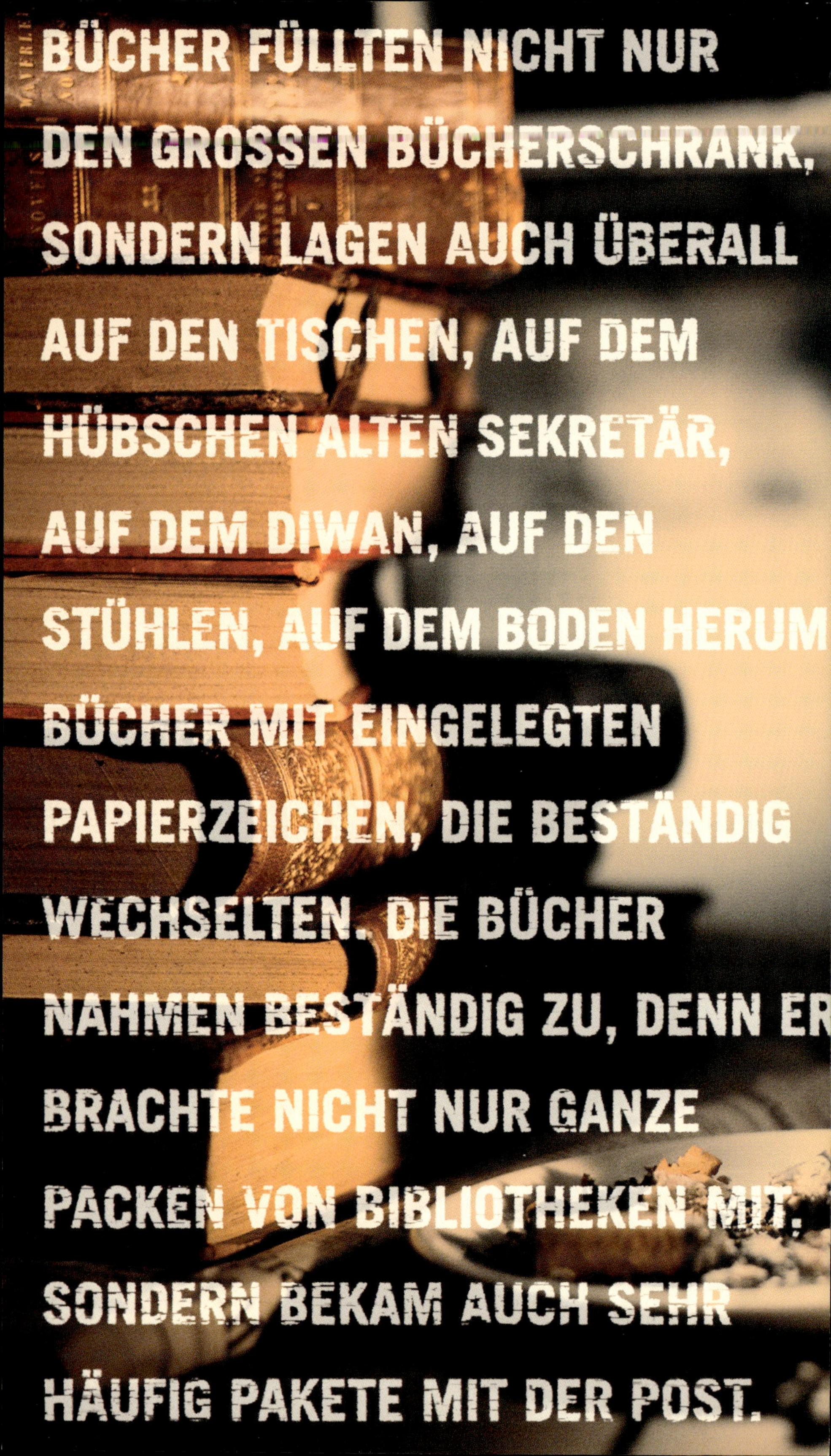

BÜCHER FÜLLTEN NICHT NUR DEN GROSSEN BÜCHERSCHRANK, SONDERN LAGEN AUCH ÜBERALL AUF DEN TISCHEN, AUF DEM HÜBSCHEN ALTEN SEKRETÄR, AUF DEM DIWAN, AUF DEN STÜHLEN, AUF DEM BODEN HERUM BÜCHER MIT EINGELEGTEN PAPIERZEICHEN, DIE BESTÄNDIG WECHSELTEN. DIE BÜCHER NAHMEN BESTÄNDIG ZU, DENN ER BRACHTE NICHT NUR GANZE PACKEN VON BIBLIOTHEKEN MIT, SONDERN BEKAM AUCH SEHR HÄUFIG PAKETE MIT DER POST.

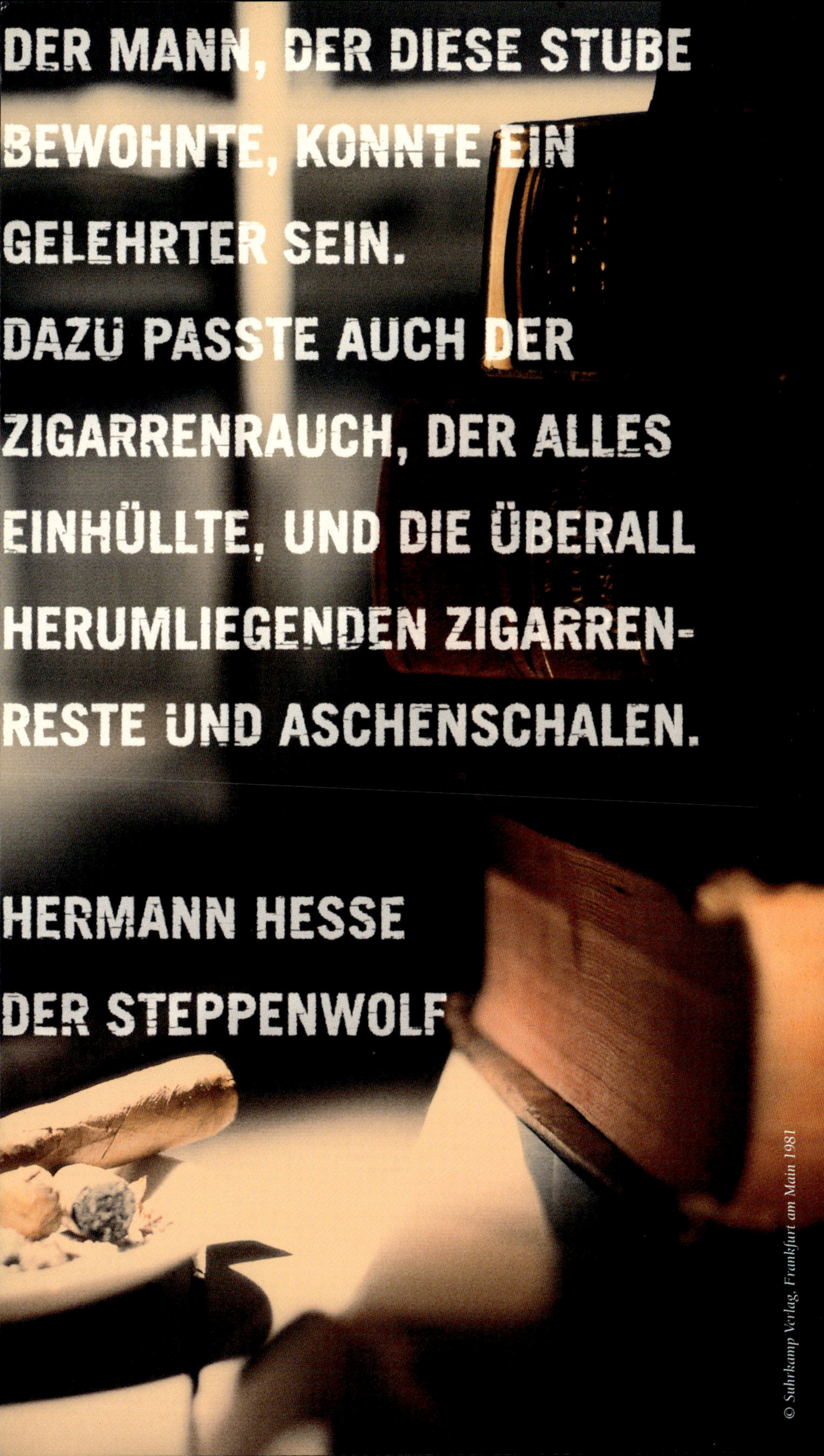

© Suhrkamp Verlag, Frankfurt am Main 1981

Wie oft sehe ich das Bild meines Großvaters vor mir: Wie er, der eigentlich Nichtraucher war, den Heiligen Abend mit dem Rauch einer Zigarre krönte. Nach dem guten Essen, das nun einmal eng mit jedem Weihnachtsfest verbunden ist, nach dem Auspacken der vielen kleinen und großen Geschenke, nach der Freude über nie erahnte Präsente, nach dem Beisammensein in der Familie, oder — wie oft in meinen Kinderjahren, nach dem Zusammenbauen des Spielzeugs — ging mein Opa zum Wohnzimmerschrank und nahm eine Holzkiste heraus.

Er setzte sich in seinen Ohrensessel direkt neben den Weihnachtsbaum. Die Lichterkette der Tanne spiegelte sich in seinen Brillengläsern. Er setzte genüßlich — wie in jedem Jahr — eine Montecristo No. 2 in Brand und sprach, solange er rauchte, kein einziges Wort. Er betrachtete uns Kinder beim Spiel oder sah seiner Familie beim Gespräch zu.

Ich erinnere mich noch genau an seinen Gesichtsausdruck, wie er zufrieden und in sich gekehrt seine Havanna genoß. Der Duft der Zigarre, leise Musik im Hintergrund, mein Großvater im Sessel, das Licht des Tannenbaums — all das war für mich ein Zeichen, daß wieder einmal ein glückliches Jahr zu Ende ging. Und wie immer an diesen Abenden, konnte ich das nächste Weihnachtsfest kaum erwarten.

Der Professor sah die wöchentlichen Zusammentreffen als Chance seine neuesten Theorien einem handverlesenen Publikum junger Kritiker vorzustellen. Als genialer Darsteller und Patriarch, wartete er, bis alle versammelt waren. Seine Frau servierte schwarzen Kaffee und Zigarren, bevor ihr Mann die Anwesenden begrüßte.

Mit seinem charakteristischen Selbstvertrauen präsentierte er seine neuen Ideen gewohnheitsgemäß, als wären sie bereits verifiziert. Seine Studenten notierten fieberhaft seine Thesen, zogen an ihren Zigarren und warteten ungeduldig auf ihre Chance, dem Professor zu zustimmen. Der süße Geruch der Zigarren und das Aroma des Kaffees durchdrangen diese erhabene intellektuelle Atmosphäre, die Professor Sigmund Freud so perfekt zu inszenieren verstand.

Zigarren waren nicht selten Garanten dafür, Macht zu demonstrieren. Berühmt ist die Geschichte König Edwards VII. von England: Unter der Herrschaft seiner Mutter, Königin Viktoria, war ein Rauchverbot für Zigarren in der höheren Gesellschaft etabliert worden. Am Tage seiner Krönung sprach er noch im Kronrat den historischen Satz aus: „Gentlemen you may smoke.“ (Meine Herren, sie dürfen rauchen).

Auch Otto von Bismarck beherrschte die Kunst, Zigarren als Instrumente der Diplomatie einzusetzen, bis zur Vollendung. Ein höchst brisanter Vorfall erregte in diesem Zusammenhang einiges Aufsehen. Er spielt im Jahr 1851, als die Militärkommission des Deutschen Bundes in Frankfurt tagte. Damals wurde das Rauchen auf der Straße nicht allgemein goutiert.

So war es durchaus ein provozierender Beweis von politischer Macht, als sich der österreichische Repräsentant, Graf von Thun, eine Zigarre anzündete. Otto von Bismarck, der Vertreter Preußens, reagierte auf diese Herausforderung, griff ebenfalls zur Zigarre und bat ausgerechnet Graf von Thun um Feuer.

Die Gesandten der übrigen Staaten reagierten rat- und sprachlos auf diesen Vorfall. Monatelang glühten die diplomatischen Drähte, um die Frage zu klären, wie man auf dieses Verhalten Österreichs und Preußens geziemend antworten sollte.

CORONAS
APOSTOLADO
10 ROYAL CORONA CIGARS
0250111
880 Pf/Stück
Rauchen führt
zu tödlichen
Krankheiten
CLEMENTE

IBA
Cuba

So begann ein äußerst skurriles Schauspiel. Ein halbes Jahr lang berieten die Regierungen, und während dieser Zeit waren es nur die beiden Großmächte, die am Verhandlungstisch Zigarren rauchten. Das war irgendwann zuviel für das angekratzte bayerische Selbstbewußtsein.

Als dritter in der Runde rauchte dann plötzlich auch der bayerische Gesandte. Der Sachse Nostiz wollte es an und für sich dem Bayern gleichtun, fürchtete aber die Reaktion seines Ministers. Erst als dann auch der Hannoveraner Bothmer zur Zigarre griff, traute sich auch Nostitz. Die Vertreter Württembergs und Darmstadts waren eigentlich erklärte Nichtraucher. Aber was tut der engagierte Staatsmann nicht alles für den Ruhm seines Landes... Es dauerte nicht mehr lange, da rauchte auch der Württemberger und schließlich der Darmstädter Zigarre!

Nur Hessen-Darmstadt verzichtete eisern darauf, auf diese Weise seine Stellung im Deutschen Bund zu wahren. Otto von Bismarck hatte dafür eine sarkastische Erklärung: „Wahrscheinlich enthielt sich Hessen-Darmstadt in der Gewißheit, zum Rauchen noch nicht groß genug zu sein."

NUR IN EINEM
GEWÄSSER SP
DINGE UNVERA
NUR IN RUHIG
GIBT ES ADÄQ
ERKENNEN DE

HANS MARGOL

RUHIGEN
EGELN SICH
RRT.
M GEMÜT
ATES
WELT.
US

Wenn sich die letzte Rauchwolke verflüchtigt hat, ist es für eine sensible Natur unmöglich, nicht eine gewisse Melancholie zu empfinden.

Somerset Maugham

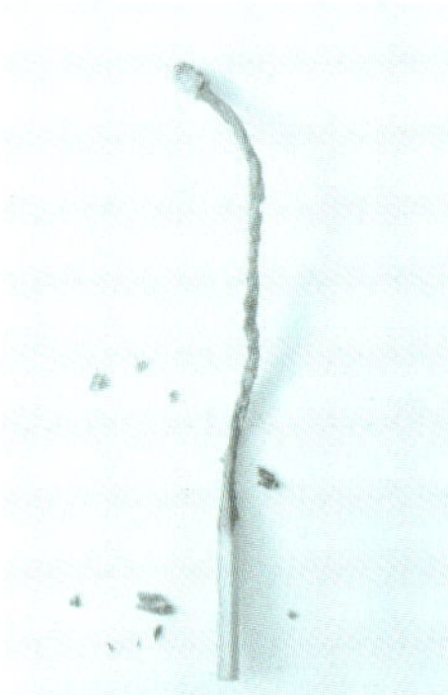